AKILLI KRİTERLER

ANAHTAR BİLGİLER

- **İsimler:** SMART hedefleri, SMART kriterleri, SMART yöntemi, SMART hedefleri, SMARTER yöntemi
- **Kullanır:**
  - Yönetim ve proje yönetiminde SMART kriterleri, hedeflerin yanı sıra etkili anahtar performans göstergelerini (KPI) tanımlamak ve bunlara ulaşılmasını kolaylaştırmak için kullanılır.
  - İnsan bilimleri ve kişisel gelişim alanında, öğrenme hedeflerini belirlemek için kullanılırlar.
- **Neden başarılıdır?** İlke basittir: bir hedefin uygunluğunu teyit etmek için beş kriteri karşılaması gerekir. Spesifik, ölçülebilir, atanabilir, gerçekçi ve zamana bağlı olmalıdır. SMART kısaltması da gerçekçi hedefler belirlemenize yardımcı olan bu unsurları aklınızda tutmanızı sağlar.
- **Anahtar kelimeler:**
  - <u>Anahtar performans göstergesi (KPI)</u>: etkinliği veya verimliliği değerlendirmek için kullanılan ölçüm türü.
  - <u>Hedef</u>: Belirli eylemlerin uygulanmasından elde edilecek ideal sonuç.
  - <u>Proje yönetimi</u>: belirli bir hedefe ulaşmayı amaçlayan tüm eylemlerin organize edilmesi.

AKILLI KRITERLER

Daha iyi hedefler belirleyerek daha başarılı olun

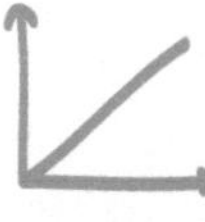

AKILLI KRITERLER

Daha iyi hedefler belirleyerek daha başarılı olun

tarafından yazılmıştır Guillaume Steffens
tarafından çevrildi Baris Şahin

50MINUTES.com

GİRİŞ

Peter F. Drucker (iş yönetimi danışmanı, 1909-2005) 1954 yılında yazdığı *The Practice of Management (Yönetim Uygulaması)* adlı kitabında, belirli bir zaman ölçeği içinde nicel ve/veya nitel hedeflerin belirlenmesi anlamına gelen hedeflerle yönetim (MBO) kavramını tanımlamıştır. Ayrıca, çalışanların performanslarını ölçebilmek ve değerlendirebilmek için hedef belirleme sürecine dahil olmaları gerektiğini belirtmiştir. Drucker, SMART kısaltmasını resmi olarak kullanmadan bu kavramın temellerini atmıştır.

 İŞLETME YÖNETIMI

[20.] yüzyıl boyunca birçok yazar iyi bir lider olmak için gereken nitelikleri incelemiştir. Kenneth Blanchard (Amerikalı liderlik ve yönetim uzmanı, 1939 doğumlu) ve Paul Hersey (Amerikalı psikolog, 1931-2012), hedef belirleyebilen ve liderliğini buna göre uyarlayabilen bir kişinin iyi bir lider olduğu fikrini savunmuşlardır.

George T. Doran (yönetim profesörü, 1939-2011) 'Yönetimin Amaç ve Hedeflerini Yazmanın Bir S.M.A.R.T. Yolu Var' (Doran, 1981) adlı makaleyi yayınlayana kadar SMART hedefleri kavramı ortaya çıkmamıştı. Doran, tüm hedeflerin SMART kriterlerini karşılamak zorunda olmadığını ve bunları kılavuz olarak kullanmanın daha yararlı olduğunu belirtmektedir.

MODELİN TANIMI

SMART kısaltması, hedefler belirlenirken bunların uygunluğunu doğrulamak için sürekli olarak başvurulması gereken beş kavramı ifade eder. Bu kavramlar sırasıyla spesifik (S), ölçülebilir (M), atanabilir (A), gerçekçi (R) ve zamana bağlı (T) kavramlarıdır.

Başlangıçta bu model, soyut fikrin üstesinden gelmeyi ve etkili bir şekilde harekete geçmeyi içeren bir yönetim veya proje yönetimi ortamında bir hedefin veya somut bir göstergenin özelliklerini tanımlamak için kullanılmıştır. Aracın basitliği, nihai amacın kişisel gelişimi teşvik etmek ve çalışan verimliliğini artırmak olduğu insan kaynakları gibi diğer alanlarda da kullanılmasına neden olmuştur. Bu teknik bireysel olarak (SMART kişisel hedefler belirleyerek) veya bir ekip içinde (bir yönetici grubun birlikte ulaşması gereken hedefler belirleyebilir) de kullanılabilir.

Bu kısaltmanın çeşitli alternatifleri olmasına rağmen, burada sadece en yaygın varyasyonlar analiz edilecektir.

TEORİ

AKILLI KRİTERLER

Bir hedefi, yerine getirilmesi gereken bir dizi hedefin sonucu olarak tanımlayabilsek de, hedeflerin kendileri de bir dizi alt hedefe bölünebilir. Örneğin, satışların arttığını görmek için (nihai hedef), yönetici 100 yeni müşteri kazanma hedefini belirleyecektir.

Kriterlere gelince, bunlar bir hedefi değerlendirmek için gerekli unsurlardır, göstergeler ise bunların karşılandığını doğrulamak için kullanılır. Dolayısıyla, bir hedefin tamamlanması için son tarihin belirlenmesine yönelik bir kriter, 'bir hafta içinde' gibi bir zaman göstergesi ile kontrol edilebilir.

Hem yöneticiler hem de çalışanlar SMART kriterlerine başvurabilir. Yöneticiler sorumlu oldukları ekip için hedefler belirleme eğilimindeyken, çalışanlar kişisel hedefler belirleyecektir.

George T. Doran'a göre SMART kısaltmasını oluşturan beş unsura daha ayrıntılı bir şekilde bakarak başlayalım.

- **Spesifik.** Hedef belirli bir unsura atıfta bulunmalıdır. Bu kriter, 'şirketin karını artırmak' gibi çok geniş ve dolayısıyla çok belirsiz formülasyonlardan kaçınır; daha iyi bir seçenek, faydaların ölçülebildiği 'A makinesinin maliyetini azaltmak' gibi bir şey olacaktır. Bu örnekte, 'şirketin karını artırmak', bir makinenin maliyetini düşürerek ulaşılacak nihai hedef olarak kabul edilecektir. Bir hedefin kesin olarak tanımlanmasıyla, ona ulaşmak için gereken eylemler daha net hale gelir. Alt hedefler eklenebilir (hurda oranının azaltılması, arıza sayısı, vb.). Bu kritere göre iyi bir hedef şu ana unsurlarla tanımlanır: bir ortam veya kesin bir konum için geçerlidir ve ayrıca belirli bir finansmana sahiptir.

- **Ölçülebilir.** İş dünyasında hedefler belirlerken sonuçları ölçmenizi sağlayan bu hususu göz önünde bulundurmak çok önemlidir. Bunu başarmak için, şirketin öncelikle verilere erişmek ve ikinci olarak bunları doğru bir şekilde yorumlamak için güvenilir araçlara sahip olması gerekir. Bir hedefi ölçmek her zaman mümkün veya kolay değildir, çünkü bazıları niceliksel olmaktan çok niteliksel olacaktır. Örneğin, şirketin imajını iyileştirme hedefini ölçmek zor olacaktır. Ancak bu bileşenin ele alınması gereklidir. Bu durumda, araştırmalar yapmak ve sayısal veriler toplamak (şirketin kamuoyu tarafından 1 ila 10 arasında bir ölçekte algılanması) ve ardından hedefi ayarlamak mümkündür.

- **Atanabilir.** Bir veya daha fazla kişi hedefin tamamlanmasından sorumlu olarak açıkça tanımlanmalıdır. Bunlar şirketin dahili veya harici işbirlikçileri olabilir. Kişisel bir hedef de belirleyebilirsiniz.

- **Gerçekçi.** Bu kavram, ulaşılması daha zor olan ideal durumu somut hedeften ayırmayı amaçlar. Hedefe şirketin mevcut araçlarıyla veya makul ölçüde kolay erişilebilecek yeni araçlarla ulaşılması mümkün olmalıdır. Hedef belirlenirken, gerçekçi olması için yürürlükteki mevzuat da göz önünde bulundurulmalıdır. Bu kriterin çalışanların motivasyonu ve katılımı üzerinde bir etkisi olacaktır, bu nedenle bir hedef olarak zorlayıcı ve ulaşılabilir olma arasında da bir denge kurulmalıdır. Başarısızlık durumunda daha az iddialı başka bir hedef düşünmek faydalı olabilir.

- **Zamana bağlı.** Hedefi tanımlarken bir son tarih belirlemek önemlidir. Zaman işaretleri olmadan, hedef somut niteliğini kaybedebilir ve bu nedenle ulaşılıp ulaşılmadığını kontrol etmek mümkün olmayabilir.

Burada sunulan beş unsur George T. Doran tarafından önerilenlerdir. 'Uzantılar ve ilgili modeller' bölümünde çeşitli varyasyonların olduğunu göreceğiz.

MODELİN AVANTAJLARI

Kısaltmanın basitliği ve anımsatıcı özelliği modelin başlıca avantajları olsa da, başka avantajları da vardır:

- İlk olarak model, hedeflerin somut ve ölçülebilir yönlerine odaklanarak somut sonuçlara ulaşılmasını teşvik eder;

- İkinci olarak, çeşitli alanlara uygulanabilir ve hatta insanların kişisel yaşamlarında bile kullanılabilir;

- Son olarak, SMART kriterleri hedefi tamamlar ve çok az ek ayrıntı gerektirir veya hiç gerektirmez.

PRATİK UYGULAMA

SMART yöntemi nispeten basit görünse de, bir veya daha fazla hedef belirlerken adımları dikkatlice takip ettiğinizden emin olmalısınız, böylece birçok potansiyel tuzaktan kaçınırken belirli bir süre içinde onlara ulaşırsınız.

TAVSİYELER VE EN İYİ İPUÇLARI

Kural No. 1 – Bir hedef spesifik olmalıdır

Hangi alanda olursa olsun, düşünme genellikle ilk kriterle başlar: hedefin spesifikliği. Bu, yöneticilere doğru olmaları ve tanımlamak istedikleri hedefin tüm yönlerini sürekli akıllarında tutmaları gerektiğini hatırlatmaya yarar. Proje yönetimi ya da pazarlamada kullanıldığında sorulması gereken ilk soru şudur: "Her çalışana farklı hedefler mi yoksa bölüm başkanına tek bir genel hedef mi atayacağım?". Eğer bir yönetici her bir çalışana farklı hedefler atamak istiyorsa, farklı departmanlar ve çalışanlar arasında bölüştürmeden önce genel bir hedef belirleyerek işe başlama ihtimali yüksektir. Genel bir hedef belirleyip departman liderlerinden ekiplerine alt hedefler atamalarını istemeyi de tercih edebilirler. Hedefler katılımcı bir şekilde belirlenirse, çalışanlar hedefi tanımlamak için doğrudan işbirliği yaparlar: kendileri de projenin bir parçasıdır ve fikirlerini sunabilirler. Bu yaklaşım, sürecin başından itibaren taahhütte bulundukları için onların daha fazla katılımını sağlar.

Kural No. 2 – Bir hedef ölçülebilir olmalıdır

Hedefin niceliksel veya niteliksel olarak ölçülebilirliği ile ilgili olarak, öncelikle hedefi sadece rakamlarla tanımlamak değil, aynı zamanda bu rakamların nasıl elde edilebileceğini de düşünmek gerekir. Bilginin maliyetli olması (örneğin kapsamlı pazar araştırması) veya objektif olarak analiz edilmesinin zor olması (örneğin kaliteli bir ürün yaratılması) nedeniyle bunu kavramak her zaman kolay değildir.

Şirketin bu verileri konsolide edebilecek bir departmanı yoksa, bu aşamada dahili bir ağ üzerinden erişilmesi kolay olacak kapsamlı bir veri özeti hazırlamak önemlidir. Bir kuruluş, farklı departmanlar (muhasebe, pazarlama, finans, vb.) arasında bölünmüş olsalar bile, genellikle bilgi arayan kişinin düşündüğünden daha fazla kaynağa sahiptir. Belirli bir zamanda toplanan veriler, belirlenen son tarihten sonra kaydedilen sonuçları karşılaştırmak için bir referans noktası görevi gördüklerinden kaydedilmelidir.

Her ne kadar değerlendirme kavramı modelde örtük olarak yer alsa da, bu adımın yöneticiye geriye dönük olarak hedefin nihai sonuçlarını değerlendirirken önemli ölçüde yardımcı olacağını unutmamak gerekir. Bazı durumlarda, hedefe ulaşılıp ulaşılmadığını belirlemek için kullanılacak limitlere bağlı olarak farklı senaryolar öngörmek avantajlı olabilir: amaç satışları %25 artırmaksa, yönetici hangi noktada tatmin olur veya tam tersine hangi noktada strateji değiştirmeye karar verir? 25 zorlu bir alt sınır mıdır yoksa %20'lik bir artış stratejiyi sorgulamadan zaten bir başarı olarak kabul edilir mi? Yönetici %25'lik bir artış beklerken satışlarda %15 veya %20'lik bir artış fark ederse farklı tepki verecektir. Bu senaryolara göre farklı türde düzeltici önlemler uygulanabilir.

Kural No. 3 – Bir hedef atanabilir olmalıdır

Bir sonraki adım, mevcut kaynaklara ve ilgili dış kaynak kullanımının maliyetine bağlı olarak bu hedefi bir personele veya harici bir kişi veya kuruluşa atamaktır. Uygulamada, bazı yöneticilerin sonuçların değerlendirilmesiyle ilgili pratik soruları ele almadan önce sorumlu birini atamayı tercih ettiği açıktır. Bu şekilde bir yönetici, kendisine görev verilen satış temsilcisiyle birlikte, bir önceki yıl kaydettiklerine dayanarak yapması gereken satış sayısını belirleyebilir.

Kural No. 4 – Bir hedef zamana bağlı olmalıdır

Daha sonra hedefin ne zaman tamamlanabileceğini/ tamamlanması gerektiğini belirleme zamanı gelir. Son teslim tarihlerine uyulmasını sağlamak için bir strateji geliştirmek yöneticinin sorumluluğundadır. Öngörülemeyen durumlarda bir miktar esneklik sağlanması tavsiye edildiğinden, yönetici çalışanlarına daha sıkı bir program iletmeye çalışacaktır. Ancak, süre kısaldıkça çalışanlar üzerinde daha fazla baskı oluşacağından bu numara aşırı kullanılmamalıdır. Hedeflere ulaşma sürecini kontrol altında tutmak amacıyla alt hedefleri planlamak için Gantt şemasını kullanmak da akıllıca olabilir.

👁 GANTT ŞEMASI

Gantt şeması (1910 yılında Amerikalı mühendis ve yönetim danışmanı Henry L. Gantt, 1861-1919 tarafından geliştirilmiştir) esas olarak bir proje yönetim aracı olarak kullanılır. Gerçekleştirilecek çeşitli görevlere (yatay çubuklarla gösterilir) ve bunların zaman içinde olası çakışmalarına genel bir bakış sağlar. Şu anda bu tür bir diyagram oluşturmak için ücretsiz veya başka türlü birçok yazılım türü bulunmaktadır.

Kural No. 5 – Bir hedef gerçekçi olmalıdır

Son olarak, hedefin ulaşılabilir olduğundan emin olmalısınız. Bu kavram modelin en öznel unsurudur ve hedefi mevcut araçların (istatistiksel analiz, pazar araştırması, memnuniyet anketleri vb.) yanı sıra kendi sezgileri yardımıyla değerlendirmek yöneticiye kalmıştır. Bunu yapmak için şunları kullanmaları gerekecektir:

• Beklenen durumu tahmin etmek için somut rakamlar

• geçmiş deneyimler

• Gelecekteki durumu değerlendirmek için tahminler.

Yönetici, yukarıda belirtilen kavramların bazılarına veya tümüne dayanarak hedefin gerçekçi yönünü doğrulamayı seçebilir. İkinci durumda, projeye atanan kişilerin hedefe zamanında ulaşmak için yeterli araçlara sahip olup olmadıklarını önceden kontrol edeceklerdir. Bu kriter, bize göre, anlaşılması en zor olanıdır ve aynı zamanda en çok tartışılacak olanıdır.

SMART yöntemi hedefleri doğru bir şekilde tanımlamak için kullanılsa da, bir hedef belirlerken asla kapsamlı bir kontrol listesi olarak kullanılmamalıdır: kısaltmanın bazı unsurları eksik olabilir. Bu nedenle, ölçülebilir olmayan bir hedefin uygulanması kesinlikle daha az kolay olacaktır, ancak mutlaka yararsız olmayacaktır.

VAKA ÇALIŞMALARI

Teoriyi açıklamak için, burada iki farklı alanda SMART hedeflerinin belirlenmesine ilişkin iki örnek göreceksiniz: proje yönetimi ve kişisel gelişim.

Proje yönetiminde SMART kriterler

A Şirketi tablet üretimini artırmak için yeni bir makineye yatırım yapıyor. Yönetici 5 Ocak tarihinde SMART hedefini aşağıdaki şekilde formüle eder: "İkinci çeyrekte, projeden sorumlu olan George Dupond, yeni AX-02 makinesi sayesinde üretim seviyesine aylık 10.000 birimlik ek bir artış gösterecektir."

- **Güçlü yön:** Bu hedef SMART hedeflerinin tüm kriterlerini karşılamaktadır. Yönetici, seçilen zaman diliminde hedefe gerçekten ulaşılıp ulaşılmadığını değerlendirebilir. Bu örnekte, örneğin üretimi Aralık ayı ile karşılaştırmak (üretimin sabit olduğunu varsayarak) ve ikinci çeyrekte üretimdeki artışı doğrulamak kolay olacaktır.

- **Zayıflık:** Zaman çerçevesi nispeten belirsizdir. Çalışanlar son tarihi ikinci çeyreğin sonu olarak düşünme eğilimindeyken, yönetici için bu ikinci çeyreğin başlangıcı olacaktır. Karışıklığı önlemek için mümkün olduğunca doğru bir hedef belirlediğinizden emin olun.

Hedefin ölçülebilir kısmını belirlemek için yönetici önceki verilere dayanacaktır. Daha sonra, örneğin bir önceki yıla kıyasla yüzde artışı hesaplayabilir. Ayrıca belirli bir pazar araştırması yaparak bu ek çıktının satılmasının mümkün olduğundan emin olacaktır. Makinenin özellikleri ve işçilerin üretkenliği yardımıyla bunun gerçekçi olup olmadığını kontrol edecektir.

 ÖZEL DURUM: ALT HEDEFLERİ OLAN PROJE

A şirketi tablet üretiminin önceden düşünülenden daha karmaşık olduğunun farkına varırsa, 10.000 ek birime ulaşmak için iki alt hedef belirleyecektir.

1. **Daha fazla ürün üretmek için yeni hammaddeler bulmak. Bu** nedenle, satın alma müdürü (atanabilir) ay sonundan önce (zamana bağlı) tedarikçileri

değerlendirmek, onlarla iletişime geçmek ve en iyi teklifi verenle (spesifik ve ölçülebilir) bir sözleşme imzalamaktan sorumlu olacaktır. Bu tür bir görev satın alma müdürünün uzmanlığı dışında olmadığından bu hedef gerçekçi görünmektedir.

2. **İsrafı en aza indirmek için makine ayarlarını optimize edin.** İkinci alt hedef de satın alma müdürü tarafından tamamlanacak (atanabilir) ve farklı ayarların (spesifik) en iyi kombinasyonunu bulacaktır – örneğin, kalıbın boyutu ve şekli ve plastik miktarı. Üretimin bir buçuk ay içinde başlaması planlandığından, tüm ayarlamalar bu tarihten önce yapılmalıdır (zamana bağlı). Somut olarak, bir ürünü kusurlu hale getiren faktörlerin, tüm fırsatları hesaplayan ve kusur oranına göre en iyilerini belirleyen bir yazılım kullanılarak ortadan kaldırılması gerekecektir (ölçülebilir). Bu hedefin gerçekçi olabilmesi için satın alma müdürünün söz konusu yazılımı hızlı bir şekilde edinmesi ve etkin bir şekilde kullanabilmek için mümkün olan en kısa sürede teknik bilgi edinmesi gerekmektedir.

Öğrenme hedeflerini belirlemek için SMART kriterleri

Genç bir edebiyat mezunu olan Augustin, web siteleri oluşturmak istemektedir, ancak programlama hakkında hiçbir şey bilmemektedir. İlk kişisel web sitesini bir aydan kısa bir sürede oluşturmak için bir kitap satın alır: bir menü ve yaklaşık on bölüm içermelidir. Her sabah bu kitaptan yaklaşık 15 sayfa okur ve projeyi yavaş yavaş tamamlar.

Öğrenme hedefleri ile diğer hedefler arasındaki temel fark, 'atanabilir' kriterinin 'iddialı' olarak uyarlanmasında yatmaktadır (bir öğrenme hedefinde, hedefin her zaman kişisel olduğu varsayıldığı için 'iddialı' terimi tercih edilir). Bu hiçbir şekilde proje yönetimi veya pazarlama alanında belirlenen hedeflerin iddialı olmaması gerektiği anlamına gelmez. SMART yönteminin bir kontrol listesi olarak değil, sonuçlara ulaşmak için bir araç olarak kullanılması gerektiğini bir kez daha vurgulamak isteriz.

ETKİ

MODELİN SINIRLAMALARI VE ELEŞTİRİLERİ

Unutmayın: tüm hedefler mutlaka SMART olmak zorunda değildir. George T. Doran bu kısaltmayı bir kontrol listesi olarak değil, daha ziyade somut sonuçlar elde etmek için hedeflerin formüle edilmesine yardımcı olması amacıyla tasarlamıştır. Bu nedenle:

- Her hedef belirlemek istediğinizde bu modeli genel olarak kullanmanız tavsiye edilmez. Aslında, SMART yöntemi uzun vadeli hedefler belirlerken her zaman uygun değildir, çünkü gerçekçi yönü çok iddialı olarak algılanan hedefleri engelleyebilir.

- Tüm sonuçlar objektif olarak ölçülemez; şirket ayrıca her zaman bilgi edinmek ve yorumlamak için gerekli becerilere veya mali kaynaklara sahip değildir. Ancak bu hiçbir şekilde hedefleri belirlemekten vazgeçilmesi gerektiği anlamına gelmez.

- SMART modelinde hedefi uyarlamak pek mümkün değildir (aşağıda tartışıldığı gibi 'A'nın 'ayarlanabilir' olarak değiştirilmesi dışında). Ancak bazen şirketin faaliyet gösterdiği ortamdaki potansiyel değişiklikleri dikkate almak önemlidir.

Amerikalı girişimci ve öğretim görevlisi Brendon Burchard da (Uzmanlar Akademisi'nin kurucusu, 1977 doğumlu) tüm hedeflerin SMART olmaması gerektiğini savunuyor ve bunu çeşitli örneklerle gösteriyor. Örneğin, Kristof Kolomb'un Atlantik üzerinden Hindistan'a ulaşma hedefi SMART olmaktan çok uzaktı. Zaman dilimi belirsiz olduğu için o dönemde pek gerçekçi değildi. Ölçülebilir yönüne gelince, bu ancak ikili bir şekilde yapılabilirdi: hedefe ya ulaşılır ya da ulaşılmaz. Burchard idealleri akılda tutmanın önemli olduğunu hatırlatır ve SMART modelinin tam tersi olan başka bir kısaltma olan DUMB'u önerir.

Özellikle SMART hedeflerinin gerçekçi doğasına karşı çıkmaktadır, çünkü bu hedefler muhtemelen değerlendirilmesi en zor olan hedeflerdir. Ona göre, uygulanabilir olduğu sürece zorlu bir hedef belirlemek gerekir. Eğer 'ilgili' varyasyon tercih edilirse, o zaman şirketin önceliklerini göz önünde bulundurmak gerekir. Uzun vadeli öncelik maliyetleri düşürmekse, ürüne değer katmayı amaçlayan bir hedef bununla çelişecek ve ilgisiz olacaktır. Bu nedenle hedefin uygunluğu, şirketin veya öğrenme hedefleri söz konusu olduğunda bireyin uzun vadeli öncelikleri açısından değerlendirilir.

İLGİLİ MODELLER VE UZANTILAR

SMART modelinin yorumları

Popülerliği nedeniyle SMART modelinin birçok çeşidi vardır. Aşağıdaki tablo en yaygın olanları listelemektedir:

Aşağıdaki kombinasyonu görmek yaygındır: Spesifik, Ölçülebilir, Ulaşılabilir, İlgili ve Zamana Bağlı. Bu durumda, 'ulaşılabilir' ve 'ilgili' kriterlerini birlikte kullandığınızdan emin olun, ikincisi 'gerçekçi' yerine geçer; hem 'ulaşılabilir' hem de 'gerçekçi' içeren bir model anlamsız olacaktır. 'İlgili' kriteri ek bir boyut sağlar, ancak proje için sorumluluk atama kavramını ortadan kaldırır.

Bu nedenle, uygunluk hem 'spesifik' kritere hem de bir bütün olarak modele dahil edildiğinden, ikincisinin kullanılmaya devam edilmesini tavsiye ediyoruz.

SMARTER modeli

SMART modelinin tamamlayıcı bir uzantısı vardır: SMARTER. İlave 'E' ve 'R' Değerlendirme ve Gözden Geçirmeyi ifade eder. Geriye dönük değerlendirme, ölçülebilir yönle bağlantılıdır. SMART modelinde, özellikle de 'M' harfinde örtük olarak yer alsa da, aşağıdaki soruları yanıtlayabilmek için bunun artık açıkça tanımlanması gerekmektedir:

- Yetkili kim?

- Bu nasıl başarılabilir?

İncelemenin kendisi, değerlendirmenin ardından gerekli düzeltme önlemlerinin alınmasını gerektirir. Aşağıdaki tablo en yaygın varyasyonları listelemektedir:

DUMB modeli

SMART modelinin popülaritesi göz önüne alındığında, Brendon Burchard (biraz da muzipçe) bu modelin kullanımını ve meşruiyetini sorgulamak istemiştir. Daha sonra daha fazla hırs ve daha az gerçekçiliğe izin veren yeni bir kısaltma önerdi: anlamsal alanı SMART kriterlerinin tam tersi olan DUMB kriterleri.

Kısaltmayı oluşturan 4 unsur şunlardır:

- **Hayal odaklı.** Hedefler bir hayal tarafından yönlendirilmelidir. Tıpkı Kristof Kolomb gibi, bireyler ve işletmeler de ulaşmak istedikleri bir ideal belirlemelidir. Örneğin bir şirket, kalite açısından kendi alanında en iyi olmayı hedeflemelidir.

- **Canlandırıcı.** Bu durumda, motive edici olması gerektiğinden, hedefin ifadesi önemli bir rol oynar. Burchard bunu kilo verme örneğini kullanarak açıklamaktadır. Hedefin olumsuz bir şekilde ifade edilmemesi gerektiğini, bunun yerine kulağa daha olumlu gelen ve bu nedenle daha ilham verici olan "bir süper model gibi görünmek" şeklinde ifade edilmesi gerektiğini söylüyor.

- **Yöntem dostu.** Hedefi takip eden kişinin hedefe ulaşmak için kendini disipline etmesine olanak tanıyan net bir metodoloji tasarlanmalıdır. Öğrenme hedefleri ile, disiplindeki seviyenizi geliştirmek için günlük faaliyetler oluşturabilirsiniz.

- **Davranış odaklı.** Bu kez kavram, fark yaratması gereken bir davranış değişikliğini içeriyor: Davranış, öğrenme ve performansın olumlu etkisi üzerinde doğrudan bir etkiye sahip olduğundan, insanlar hayallerine ulaşmak için kendilerine çok fazla baskı uygulamamalıdır.

ÖZET

- SMART modeli (Spesifik, Ölçülebilir, Atanabilir, Gerçekçi ve Zamana Bağlı kelimelerinin kısaltmasıdır) proje yönetimi ve kişisel gelişim alanlarında hedef belirlerken kullanılan bir araçtır.

- Basitliği ve hatırlamayı kolaylaştırmak için tasarlanmış anımsatıcı özelliği, başarısının ana nedenleridir.

- Modelin birçok çeşidi vardır. En iyi bilinenlerden biri, değerlendirme ve gözden geçirme kriterlerini ekleyen SMARTER kriterleridir.

- Gerçekçi yönü, hayallere ve hırslara çok az yer bıraktığı, yani uzun vadeli hedefler için uygun olmadığı için eleştirilmiştir.

- Alt hedefler belirlemek, karmaşık projeleri tamamlamak için gerekli olabilir.

- Yönetici şunları seçebilir:

  - Daha ayrıntılı bir şekilde ele almadan önce hedefi belirleyin ya da tam tersini yapın;

  - Hedefleri belirlerken çalışanları dahil edin ya da etmeyin.

- Bunun bir kontrol listesi değil, sonuç almak için bir yöntem olduğunu unutmayın. Bu nedenle, tüm kriterler her zaman dikkate alınmamalıdır.

DAHA FAZLA OKUMA

BİBLİYOGRAFYA

Burchard, B. (2014) Akıllı Hedefler Aptalcadır. *Yüklü yaşam.* [Podcast]. [Çevrimiçi]. [Erişim tarihi: 31 Mart 2015]. Erişim adresi: < https://itunes.apple.com/gb/podcast/charged-life-brendon-burchard/id821746377?mt=2>

Doran, G. T. (1981) Yönetimin Amaç ve Hedeflerini Yazmanın Bir S.M.A.R.T. Yolu Var. *Management Review.* 70(11), s. 35-36.

Drucker, P. F. (1954) *The Practice of Management.* New York: HarperCollins Publishers.

Haughey, D. (2014) SMART Hedeflerinin Kısa Tarihi. *Project Smart.* [Çevrimiçi]. [Erişim tarihi 31 Mart 2015]. Erişim adresi: < http://cdn.projectsmart.co.uk/pdf/brief-histor-y-of-smart-goals.pdf>

Morisson, M. (2010) SMART Hedeflerinin Tarihçesi. *RapidBI.* [Çevrimiçi]. [Erişim tarihi: 31 Mart 2015]. Erişim adresi: < https://rapidbi.com/history-of-smart-objectives/>

Prunier, Y. (2013) Un objectif SMART n'est pas la panacée. *Les Echos.fr.* [Çevrimiçi]. [Erişim tarihi 31 Mart 2015]. Erişim adresi: < http://archives.lesechos.fr/archives/cercle/2013/04/10/cercle_70057.htm>

Vincent, F. (2013) Créer des objectifs S.M.A.R.T., une formule magique en marketing. *Stratégie marketing PME.* [Çevrimiçi]. [Erişim tarihi: 31 Mart 2015]. Erişim adresi: < http://www.strategiemarketingpme.com/strategies/creer-objec-tifs-s-m-r-t-formule-magique-en-marketing/>

Yemm, G. (2013) *Ekibinize Liderlik Etmek için Temel Kılavuz: Hedefler Nasıl Belirlenir, Performans Nasıl Ölçülür ve Yetenek Nasıl Ödüllendirilir?* New York: Pearson Education. pp. 37-39.

EK KAYNAKLAR

Dallas, J. (2015) *Akıllı Hedefler: S.M.A.R.T. Hedefleri Belirleme Hakkında Bilmeniz Gereken Her Şey. Büyük Hayaller Kurun, Hedefler Belirleyin, Harekete Geçin.* Kindle Editions.

Gudger, J. (2013) *SMART Goals: Nihai Hedef Belirleme Rehberi.* Kindle Editions.

Scott, S. J. (2014) *Goals Made Simple – 10 Steps to Master Your Personal and Career Goals.* Kindle Editions.

Sizden haber almak istiyoruz!
Çevrimiçi kütüphaneniz hakkında yorum bırakın
ve favori kitaplarınızı sosyal medyada paylaşın!

MASLOW'S HIERARCHY OF NEEDS
Gain vital insights into how to motivate people
Personal accomplishment
Esteem
Belonging
Security
Physiologic
THE SWOT ANALYSIS
Internal factors
Strengths
Weaknesses
SWOT
Opportunities
Threats
External factors
50MINUTES.com

Yayıncı, yayınlanan bilgilerin güvenilirliğini garanti eder, ancak sorumluluğunu üstlenemez.

Ana ISBN: 9782808600583
Kağıt ISBN: 9782808602037
Yasal depozito: D/2022/12603/204

Dijital tasarım: Primento,
yayıncıların dijital ortağı.